Stefano Musu

METAVERSO

libertà e politica nella nuova realtà

Ai miei tre angeli sulla Terra, Mamma Carla, Anna e Angelica, fonte infinita di amore e di ispirazione.

A Stefano, Francesco, Daniele e Andrea, per i loro fondamentali consigli e per essere, sempre, amici fraterni.

Ai miei cari colleghi, che condividono con me gran parte delle giornate, per i preziosi suggerimenti.

"Gli uomini liberi sono governati dalle regole, gli schiavi sono governati dagli uomini."

Bruno Leoni

"La libertà economica è la condizione necessaria della libertà politica."

Luigi Einaudi

"Ci sono momenti, nella storia politica o delle persone, in cui occorre scegliere se non si vuole essere scelti dalle cose e dagli altri."

Marco Pannella

Metaverso

libertà e politica nella nuova realtà

Saggio

PREMESSA

Il Metaverso promette di rivoluzionare il mondo attuale, già fortemente innovato e reso maggiormente prossimo dall'avvento e dallo sviluppo di internet. L'interconnessione costante ha generato effetti certamente positivi rendendo possibile l'accesso a miliardi di persone, ogni giorno, a infrastrutture lontanissime tra di loro, senza necessità di effettuare alcuno spostamento fisico. Si pensi, a titolo esemplificativo, alla possibilità per un cittadino di accedere al proprio conto corrente ed effettuare operazioni senza recarsi in banca; oppure si pensi alla semplicità di acquistare beni in negozi sparsi in (quasi) tutto il mondo ricercando la convenienza. Si può affermare che l'interconnessione ha permesso a una importante fetta di popolazione di ottenere, da un lato, maggiori risparmi – siano essi di tempo, di denaro, di impatto ambientale dovuto agli spostamenti fisici – e dall'altro di lucrare quel potere di discrezionalità che permette al consumatore di ricercare un bene o un servizio non per costrizione, ma per scelta. Ciò che al giorno d'oggi pare del tutto scontato non lo era affatto per le generazioni precedenti: appena pochi decenni or sono un consumatore non aveva il potere di scegliere a quale agente erogatore di beni o servizi rivolgersi se non in un ristrettissimo contesto, il quale era comunque sempre legato alla prossimità fisica, ed era assolutamente da escludere che la ricerca potesse estendersi al mondo intero.

Dei benefici, così come dei rischi, dell'interconnessione costante di miliardi di persone sparse per il globo – con anche le questioni legate alla diversa accessibilità multimediale nei diversi continenti e nei vari Stati, dovuti tanto a motivi infrastrutturali quanto a quelli politici – si è lungamente discorso nella letteratura contemporanea. Tuttavia, dell'affacciarsi di quella rivoluzione che pare poter segnare l'inizio di una nuova èra nella storia dell'umanità, ossia lo sviluppo del Metaverso, ancora poco si discute. Anzi, forse se ne discute più per motivi legati agli affari o alla nuova dimensione che possono assumere determinati aspetti della vita multimediale degli utenti, come i videogiocatori o i fruitori dei social network, ma non riguardo a una questione sostanziale e non procrastinabile legata alla domanda: chi deterrà il potere politico nel Metaverso? La risposta potrebbe sembrare banale, ma occorre una riflessione che non ritardi una discussione che, se rimandata troppo in là nel tempo (forse si è già tardivi?), potrebbe compromettere una pacifica convivenza di mondi, virtuale e reale, i quali dovrebbero avere sempre l'essere umano al centro del proprio agire.

per iniziare

LA CASSETTA DEGLI ATTREZZI

È possibile abitare un mondo totalmente digitale dove vivere un'esistenza parallela a quella del mondo reale? A molti potrebbe sembrare fantascienza, un po' come quelle vecchie pellicole degli anni '70 e '80 dove i registi cinematografici cercavano di immaginare la "vita del futuro". Eppure, grazie allo straordinario progresso tecnologico degli ultimi anni, ciò che sembrava avveniristico sino a non troppo tempo fa sta, pian piano, prendendo forma nel nascente Metaverso. Alcuni, avvicinandosi alla lettura di queste pagine, potrebbero chiedersi: che cos'è questo mondo e com'è possibile entrarvi? Forse i più giovani, o i più tecnologici, sapranno già tutto sul nuovo mondo digitale, ma è bene spendere qualche riga per coloro che vorrebbero capire meglio di cosa si andrà a trattare nel proseguo della lettura. Coloro i quali, invece, già possiedono le nozioni base sul Metaverso possono tranquillamente saltare questa "cassetta degli attrezzi" e andare direttamente al nocciolo della trattazione sulle criticità dell'universo digitale.

Questa breve guida non intende avere un carattere esaustivo: esistono molte pubblicazioni cartacee e digitali, articoli e video, costruiti proprio per soddisfare i palati più esigenti. Questa sarà una semplice "cartina di tornasole" per le persone digiune della materia, così che possano leggere il resto dell'opera con occhi diversi rispetto al caso in cui lo si facesse senza aver mai, prima d'ora, avuto neppure un assaggio del Metaverso.

Come entrare nel mondo digitale

La prima cosa da chiarire è, naturalmente, come poter (im)materialmente entrare nel mondo digitale. Per accedere al Metaverso occorre prima di tutto possedere le apparecchiature giuste: attualmente è necessario disporre di un visore 3D (chiamato in gergo VR, dall'inglese *Virtual Reality*), un computer con una sufficiente capacità di calcolo e una connessione a internet veloce.

Il visore è una sorta di maschera da porre sugli occhi che consente di immergersi dentro la realtà virtuale ed è dotato di sensori di movimento che permettono, attraverso i movimenti del capo, di ruotare lo sguardo in ogni direzione. L'utente avrà una visione non statica, ma in continuo movimento, esattamente come avviene nella vita di tutti i giorni: se si ruota il capo verso l'alto, ad esempio, si vedrà il cielo e non i propri piedi. I VR attualmente in commercio sono dotati di uscite audio che permettono all'utente di ascoltare i suoni attorno a sé, di microfoni per trasmettere la propria voce e di *joystick* per simulare il movimento. Se, ad esempio, la realtà virtuale nella quale ci si immerge è una semplice sala riunioni, l'utente potrà vedere attorno a sé la stanza, gli altri utenti partecipanti e potrà ascoltare i loro discorsi – così come loro potranno ascoltare l'utente quando parlerà. Se l'utente muoverà il capo verso un lato o l'altro della stanza virtuale vedrà ciò che si trova in quella direzione, se compirà qualche passo avanzerà di qualche metro.

Possedere un visore non è sufficiente ad immergersi nel Metaverso. Infatti, perché l'esperienza virtuale possa avvenire in maniera non limitata al semplice utilizzo statico, il VR necessita di trasferire un'ingente quantità di dati che devono prima essere "inviati" da un computer sufficientemente potente. È nel computer che, in un primo momento, la realtà virtuale prende forma e poi diventa immersiva grazie all'utilizzo del visore che "oscura" la visione del mondo reale e fa calare l'utente in quello virtuale.

La connessione alla rete internet, invece, è necessaria per trasferire i dati dai server dove risiede il mondo digitale (a cui gli utenti devono accedere) al computer che, come detto, a sua volta li trasferirà al visore. Il quantitativo di informazioni da trasferire dal server al computer è molto elevato: solo determinati tipi di connessione ultraveloci (come la banda larga o la fibra ottica) sono attualmente in grado di restituire all'utente un'esperienza veramente immersiva e realistica. Presto, quando il Metaverso diverrà una realtà via via più complessa, sarà necessario disporre di connessioni ancora più veloci che riducano al minimo possibile il tempo di trasferimento dei dati: solo in questa maniera ogni azione che farà l'utente nel mondo digitale potrà essere in "tempo reale", così come per le attività degli altri miliardi di utenti che accederanno contemporaneamente all'universo digitale.

I pionieri del Metaverso

Come ogni processo di sviluppo, anche il Metaverso avrà bisogno di tempo e investimenti per crescere e diventare "adulto". Allo stato attuale sono ancora poche le realtà che offrono l'esperienza immersiva nel mondo digitale e ciascuna si concentra su particolari tipi di fruitori. Ma chi è stato a concettualizzarlo?

L'idea del "Metaverso" è stata coniata nei primi anni '90 nel mondo della fantascienza *cyber-punk* da Neal Stephenson all'interno del romanzo *Snow Crash*. L'autore lo descriveva come un mondo immateriale tridimensionale dove poter vivere, attraverso degli avatar, le medesime esperienze del mondo reale. Il Metaverso idealizzato all'epoca era un'enorme sfera nera percorribile dagli utenti. Stephenson immaginava che gli spostamenti da un luogo all'altro della sfera potessero avvenire su di una monorotaia che lo avrebbe percorso per intero, mettendo in collegamento le diverse stazioni distanti 256 chilometri l'una dall'altra. Nello spazio del Metaverso *cyberpunk* gli avatar avrebbero potuto costruire edifici e creare attività fruibili dagli altri utenti.

Com'è facile immaginare, l'idea di Stephenson era troppo avveniristica per essere realizzata all'epoca della stesura di *Snow Crash*. Tuttavia, il suo intuito gli aveva suggerito quanto l'interconnessione attraverso la rete internet sarebbe presto avanzata. Infatti, se la realizzazione del Metaverso è così prossima lo si deve all'incredibile sviluppo sia della rete internet inventata negli anni '60 del secolo scorso, sia alla repentina crescita tecnologica dei computer moderni.

Non è un caso che i pionieri del Metaverso siano, allo stato attuale, le società che hanno caratterizzato la definitiva consacrazione di queste tecnologie: *Facebook*, la più grande nazione virtuale del mondo con i suoi quasi 3 miliardi di utenti attivi ogni mese; *Microsoft*, che ha reso economico il possesso di computer in ogni casa; *Apple*, che ha trasformato dei semplici telefoni in *smartphone* intelligenti; *Google*, che ha reso più semplice orientarsi all'interno della Rete e più *smart* il modo di lavorare.

Questi quattro giganti (parte del gruppo chiamato *Big Tech*) hanno dimostrato, ciascuno nel proprio ambito, che l'evoluzione delle infrastrutture tecnologiche avviene in maniera veloce e, da buoni conoscitori della materia, si stanno attrezzando per realizzare il mondo del futuro. Mark Zuckerberg, il fondatore del famoso *social network*, nel 2021 ha deciso di modificare il nome della sua società (chiamata *Facebook Inc.*) in *Meta*, rendendo evidente la direzione che intende seguire. Qualche settimana dopo questa decisione, anche Google ha reso nota la nascita di un nuovo team di sviluppo orientato al mondo digitale: *Google Labs* sarà l'incubatore delle nuove sfide tecnologiche della casa di *Mountain View*. Già da tempo il colosso statunitense sta cercando di sviluppare tecnologie in grado di sfruttare la "realtà aumentata", quella capace di integrare efficacemente il mondo di internet e la realtà fisica, come ad esempio degli speciali occhiali che permettano all'utente di visualizzare le notifiche del proprio smartphone o dei sistemi che consentano di guidare la macchina in maniera intelligente.

Anche le due più importanti aziende del mondo dei computer, Microsoft e Apple, hanno raccolto la sfida e si preparano a dirigere i propri sforzi per la nascita del mondo digitale. Bill Gates, ex ragazzo prodigio creatore dei sistemi *Windows*, ha affermato che nei prossimi tre anni la maggior parte delle riunioni e dei meeting nel mondo avranno luogo nel Metaverso.

La casa fondata da Steve Jobs, invece, sta mettendo a punto il suo visore – al momento chiamato *Reality OS* – che promette di essere potente quanto un iMac di ultimissima generazione. La mela morsicata ha anche brevettato un sistema di entrata e uscita nel Metaverso che permetterebbe all'utente di verificare in anticipo cosa sta avvenendo nella porzione di Meta-mondo dove desidera entrare al fine di evitare sorprese.

Gli affari nel Metaverso

Le *Big Tech* si stanno muovendo in fretta, ciascuna in una direzione precisa. Altre realtà, più piccole e non così note al pubblico, stanno comunque giocando delle partite interessanti. È il caso di quelle società che stanno sviluppando i terreni virtuali del Metaverso e che si preparano ad ospitare gli avatar in un meraviglioso mondo edificato. Naturalmente, essendo il mondo digitale da creare a partire da zero (o quasi), queste società stanno fisicamente disegnando i primi confini del Meta-mondo e stanno anche provvedendo alla messa in vendita dei primi lotti di terreno disponibili. I lotti hanno le forme più disparate: si passa dai piccoli appezzamenti di terreno a delle vere e proprie isole in mezzo al mare virtuale. Senza anticipare ciò che verrà affrontato nel capitolo primo, si intende comunque fornire al lettore qualche chiave di lettura sulla vendita dei terreni virtuali anticipando che sono già migliaia gli investitori nel "mattone" digitale.

Attualmente sono due le società che si occupano della realizzazione e della messa in vendita dei terreni: *The Sandbox* e *Decentraland*. Ciascuna di esse agisce nel segmento del mercato chiamato *Virtual Real Estate* (proprietà immobiliari virtuali, in italiano) e provvede sia alla messa in vendita dei lotti disponibili che alla costruzione degli edifici. Allo stato attuale, l'investitore che intende acquistare un lotto può decidere di edificarlo in maniera "semplice" con gli strumenti messi a disposizione dai venditori, ma se ha in mente un progetto ben definito – come, ad esempio, creare un parco giochi – dovrà rivolgersi alle stesse società venditrici per commissionare l'opera che verrà realizzata dai loro tecnici. Naturalmente ogni opera personalizzata avrà un costo diverso a seconda della complessità, e il costo di realizzazione non è compreso nell'acquisto del lotto.

Le società venditrici scambiano i terreni per un prezzo che l'investitore deve corrispondere nella criptovaluta accettata dalla piattaforma: il denaro reale deve essere convertito nella moneta virtuale prima di effettuare la transazione[1]. Sia noto al lettore che al momento della stesura del presente lavoro il prezzo dei terreni virtuali è in rapida crescita e che le proprietà possono essere acquistate, a seconda della dimensione e dell'attrattiva, per un controvalore che va da poche migliaia a diversi milioni di euro. Attualmente l'acquisto più facoltoso nella piattaforma *Decentraland* è stato effettuato dalla società *Metaverse Group*, che ha acquistato proprietà virtuali per 1,8 milioni di euro, col fine dichiarato

---

[1] In questo lavoro non si discuterà del problema della moneta nel Metaverso, comunque rilevante in un ragionamento di lungo periodo, perché all'attuale stato embrionale in cui verte il Metamondo non è possibile immaginare quali sistemi si affermeranno per il compimento delle transazioni.

di trasformare quei lotti in negozi di abbiglia-
mento e spazi eventi per le sfilate di moda del
futuro. Nonostante la cifra astronomica, il pri-
mato attuale del maggiore esborso per l'acquisto
di lotti è stato effettuato sulla piattaforma *The
Sandbox*: la società immobiliare *Republic
Realm* ha deciso di investire 3,8 milioni nelle
proprietà virtuali.

Il lettore potrebbe chiedersi perché mai dover
investire in proprietà immateriali. La risposta
può essere semplice, come quella che verrà data
qui, o più complessa come si vedrà nel capitolo
primo. Tuttavia, si tenga a mente che gli investitori del "mattone digitale" contano di acquistare
oggi che il prezzo è relativamente basso per ri-
vendere (o affittare) in un domani dove il valore
dei terreni sarà molto più alto. Presumibilmente
i marchi più importanti cercheranno di attestarsi
la migliore visibilità per i propri prodotti, reali o
esclusivamente virtuali (*Nike*, ad esempio, ha ri-
levato una società specializzata nella realizzazione di sneakers digitali) e, verosimilmente, saranno disposti a pagare bene la possibilità di al-
lestire uno *shop* virtuale in un edificio ben col-

locato. Non è tutto. La possibilità di creare attrattive permetterà lo sviluppo di complessi edifici in grado di offrire agli utenti le esperienze più disparate, dal lavoro allo svago.

Il Metaverso non sarà solo il luogo dove le aziende riuniranno e incontreranno periodicamente i propri lavoratori sparsi in giro per il mondo reale, ma sarà anche e soprattutto un universo dedicato allo svago e al tempo libero. Per questo all'orizzonte si intravedono progetti che prevedono la costruzione di stadi e arene per assistere a spettacoli come le partite di calcio o concerti. Il Metaverso sarà anche un luogo immateriale dedicato alla socialità dove poter incontrare vecchi amici o fare nuove conoscenze e, perché no, sposarsi. Recentemente una coppia indiana ha celebrato il primo matrimonio nel Metaverso per ovviare alle restrizioni dovute alla pandemia di Covid: i nubendi hanno coronato il proprio sogno di amore giurandosi eterna fedeltà nel mondo digitale. Il tutto senza spostarsi dal proprio divano.

L'accelerazione dopo la pandemia

Ci sono ottimi motivi di credere che il progetto del Metaverso abbia ricevuto un notevole impulso a causa della pandemia di Covid. Prima del 2020 sarebbe stato molto difficile convincere le persone che le attività ordinarie, come lavorare o fare la spesa, potessero essere compiute egregiamente anche senza uscire da casa. I difficili mesi del *lockdown* che hanno caratterizzato l'inizio del decennio, nonché le periodiche chiusure dovute all'innalzamento della curva epidemica, hanno costretto miliardi di persone in tutto il mondo a prendere confidenza con sistemi alternativi di vivere la socialità.

Le *Big Tech* sono state chiamate direttamente in causa dovendo affinare in tempo record quelle piattaforme che già erano a disposizione degli utenti, ma che non erano ancora pronte per gestire un traffico eccezionale di dati nei propri server. Chi non ricorda il periodo del *lockdown* anche per i frequenti disguidi tecnici dovuti alle connessioni ballerine e ai continui problemi di trasferimento dati? Nel tempo le società fornitrici delle connessioni internet e le stesse aziende che fornivano gli applicativi hanno aggiustato il tiro e potenziato i propri servizi. Questo ha permesso a milioni di persone di poter adottare metodi di lavoro e di studio in formato agile e ha sdoganato pratiche sino ad allora minoritarie, seppur con forti differenze nei vari Paesi occidentali.

Alcuni Stati, infatti, già da tempo integravano le modalità agili a quelle in presenza e disponevano di infrastrutture tecniche più stabili e veloci. Altri, come l'Italia, avevano un discreto ritardo nell'adeguamento delle proprie connessioni e molte persone non disponevano dell'alfabetizzazione digitale minima per poter lavorare efficacemente anche da remoto. Come suole ricordare il proverbio, "di necessità, virtù" e pure durante la pandemia si è avuto riscontro di queste sagge parole: in pochi mesi la digitalizzazione è aumentata vertiginosamente e in tutto il mondo gli indici di soddisfazione per le attività in formato agile hanno dimostrato che è possibile cambiare le vecchie abitudini, se queste permettono di migliorare la qualità di vita degli utenti.

La corsa al Metaverso è, probabilmente, anche il prodotto di questa accelerazione tecnologica imposta dalla pandemia, che ha fatto comprendere a utenti e aziende quanto i modelli di sviluppo possano assumere dimensioni diverse rispetto a quelli attualmente in uso. Le *Big Tech*, da aziende aventi scopo di lucro, hanno interpretato i bisogni reali e creato soluzioni che possano soddisfare l'utenza. Fornire spazi di vita alternativi a quelli materiali potrebbe essere l'occasione per eliminare le barriere fisiche tra continenti, mondo del lavoro e socialità, raggiungendo un nuovo stadio di sviluppo della società umana. Come per ogni innovazione e ogni momento di "passaggio", però, occorrerà vigilare affinché il transito sia armonioso e avvenga secondo criteri accrescitivi e non minorativi di quanto raggiunto sinora. E proprio queste riflessioni saranno il cuore di questo saggio: logistica, libertà e governo nel Metaverso.

capitolo primo

DEL METAVERSO

Il Metaverso promette di ampliare gli spazi di vita e di sviluppo umani. Proprio come nella realtà, esso permetterà all'utente di calarsi in un mondo tridimensionale, dove sarà possibile emulare pressoché tutte le attività "tradizionali" come viaggiare, visitare luoghi, incontrare altri utenti. Ogni utente potrà interagire nel Metaverso attraverso il proprio avatar, un alter ego proiettato nella dimensione virtuale. Attraverso l'avatar, dunque, l'utente potrà vivere l'esperienza della personificazione della propria esistenza virtuale: sarà materialmente in grado di percorrere il Meta-mondo non grazie a un'esperienza esclusivamente visiva (come accaduto sino ad oggi), bensì grazie all'immersione multisensoriale via via più simile a quella vivibile nel mondo reale.

Naturalmente, come è facile verificare, attualmente questo tipo di esperienza non è (ancora) fruibile in maniera tanto estesa. I Metaversi esistenti oggigiorno sono una minima porzione di quelli che potranno essere in futuro. Tuttavia, il solo fatto che queste possibilità siano in fase di costruzione e di strutturazione, e che importanti società tecnologiche stiano orientando la propria attenzione – e investendo ingenti capitali – in questa direzione, dimostra come il Metaverso sia già realtà, per quanto ancora allo stato embrionale. Alcune società hanno anche iniziato la vendita dei terreni virtuali dove, in futuro, verranno a sorgere attività vere e proprie: sale conferenze, parchi tematici, impianti sportivi, oasi di divertimento e di benessere, negozi di moda, ristoranti e sedi commerciali delle grandi aziende del globo. Ogni piattaforma di vendita adotta, al momento, mezzi di scambio differenti: il denaro reale deve essere convertito nella valuta accettata dal singolo rivenditore per poter acquistare la proprietà desiderata. Questa potrà poi essere edificata dall'utente, rivenduta ad altri user o affittata a terzi. Migliaia di persone in giro per il mondo stanno investendo nell'acquisto di proprietà virtuali, convinte che la scommessa di investire i propri capitali oggi permetterà di avere un abbondante ritorno in un domani prossimo.

Come in ogni scoperta storica, la grande corsa alla ricerca dell'*El Dorado* moderna sembra aver già acceso il barlume di speranza di arricchimento di quanti sono decisi ad investire nel mondo del domani. Tuttavia, a differenza delle grandi corse per accaparrarsi la terra nel mondo reale, c'è un distinguo da non trascurare: potenzialmente gli spazi creabili nel Metaverso sono infiniti. Mentre nel mondo reale i confini geografici dei continenti sono lo spazio fisico entro il quale poter edificare, costruire, innovare, nel mondo virtuale sono potenzialmente ricreabili infiniti territori sempre nuovi e diversi. L'unico ostacolo è quello della disponibilità di server fisici che riescano a immagazzinare i dati necessari all'esistenza di quel mondo ma, come già accaduto nello sviluppo della rete internet, ciò che dapprima era fortemente limitato, grazie alla progressione tecnologica, è andato a ad aumentare a dismisura nell'arco di pochi decenni.

Viene da chiedersi, dunque, se la supposta scarsità attuale di terreno editabile nel Metaverso (e il conseguente innalzamento di prezzo dei terreni virtuali) sarà ancora tale tra qualche anno, quando le potenze di calcolo e i server, verosimilmente, aumenteranno in disponibilità e quando faranno il proprio ingresso nel mercato nuovi soggetti che offriranno nuovi servizi agli utenti. Non esistono investimenti senza rischi, come ben si può apprendere dalla teoria economica, così come sfogliando un semplice libro di storia. Inoltre, uno dei concetti chiave per chi investe dovrebbe essere la conoscenza del valore di un bene: questo è dato da una serie di combinazioni, tra cui la scarsità e la desiderabilità. Entrambe le variabili, se positive, fanno innalzare il prezzo (il prezzo aumenta se la domanda è superiore all'offerta, ciò si verifica maggiormente un bene è scarso e maggiormente è desiderabile). Nel Metaverso, essendo uno o più mondi virtuali potenzialmente privi di confini – e sicuramente diventeranno molto più larghi di quelli attuali – il concetto di scarsità potrebbe divenire piuttosto relativo o, forse, potrebbe essere mantenuto come un'esigenza indotta dall'esterno. Gli agenti, infatti, potrebbero decidere di mantenere volutamente basso il numero di terreni editabili proprio per generare artificiosamente quella scarsità ricreando – o duplicando – la strategia utilizzata dai *brand* del settore del lusso per rivolgersi ad un certo tipo di acquirenti selezionati. Marchi come Ferrari, ad esempio, producono ogni anno un numero limitato di modelli facendo della qualità dei prodotti il proprio biglietto da visita. I consumatori, associando il proprio pensiero al *brand* Ferrari, sanno immediatamente che è sinonimo di lusso, ma anche di esclusività e di desiderabilità.

Ferrari riesce a godere della stima di un numero enorme di consumatori, anche se la maggior parte di essi non potrà mai permettersi di possedere una vettura marchiata col cavallino rampante, o addirittura di guidarne una durante la vita. Tuttavia, è proprio dalla altissima soddisfazione dei propri (pochi e selezionati) clienti, dall'attenzione nella costruzione di ogni singola vettura (a partire dalla produzione meccanica, alla verniciatura del veicolo, alle tappezzerie, alle finiture) e della particolare attenzione alla soddisfazione di ogni utente che la casa di Maranello può essere uno dei marchi più conosciuti, apprezzati e desiderati al mondo.

Il modello sperimento dai *Luxury Brand*, però, può essere emulato nel Metaverso? Certamente sì, ma probabilmente non per ciò che concerne lo sviluppo delle proprietà virtuali. Il Metaverso promette di ospitare nei prossimi decenni miliardi di utenti. Questi utenti dovranno popolare quel mondo e difficilmente gli spazi virtuali potranno essere troppo ristretti. Probabilmente in un primo momento gli spazi attuali, o immediatamente prossimi, saranno sufficienti ad ospitare i primi "pionieri", coloro cioè disposti a sopportare l'investimento necessario all'acquisto di apparecchiature specifiche per "entrare" nell'esperienza, ma appena il numero di utenti crescerà grazie al richiamo diretto e indiretto degli utenti di più vecchia data – e al contestuale abbassamento del prezzo delle apparecchiature necessarie per accedere nella nuova realtà –, quegli spazi dovranno giocoforza espandersi per permettere una *user experience* confortevole. E ciò porta a porre un altro interrogativo: la struttura attuale del Metaverso, composto da un numero limitato di lotti, corrisponderà al "centro" del mondo virtuale un domani (*Fig. 1*), garantendo quindi una certa visibilità futura agli acquirenti odierni anche nel lungo periodo, oppure l'inevitabile espansione porterà a costruire un punto di maggior attrattiva diverso, causando la "*periferizzazione*" degli investitori attuali (*Fig. 2*)?

Fig. 1

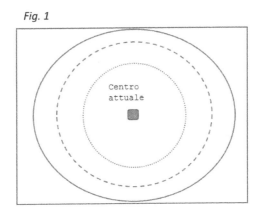

Fig. 2

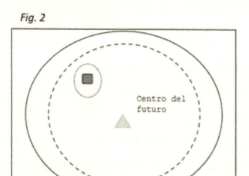

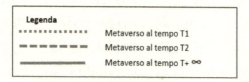

Molto, necessariamente, dipenderà dalla strutturazione del Metaverso. Gli investitori attuali potrebbero avere buone probabilità che, per un arco di tempo, l'embrione attuale sarà al centro dell'universo digitale solo se il Metaverso confluirà quale parte di una sola piattaforma – la quale però, in questo caso, non potrebbe appartenere in maniera esclusiva a un'unica società, in modo da permettere l'ingresso nel mercato ad altri agenti in futuro che siano in grado di sviluppare il proprio prodotto all'interno di uno spazio via via più grande. Se, invece, come sta accadendo, diverse società private creeranno la propria porzione autonoma e parzialmente difforme di Metaverso, allora, nessuno potrà garantire che la realtà virtuale dell'immediato futuro sarà al centro di affari, interessi e divertimento anche in un domani più remoto.

Nel primo caso, quello cioè di un Metaverso unico e non appartenente in senso stretto ad una o poche società, l'espansione avverrebbe da quel centro odierno, proprio come una città di nuova fondazione. Nei successivi periodi (T1, T2,...,T+∞) naturalmente la città si espanderebbe sempre più, sino a che verranno a sorgerne di nuove per aumentare le possibilità degli utenti, ciascuna avente le proprie peculiarità. Tuttavia, i primi investitori (quelli attuali) potrebbero godere per un periodo ragionevolmente lungo del privilegio di rappresentare il centro di quella prima città e vedere realizzato il proprio interesse mantenendo un certo grado di attrattiva. Nel secondo caso, quello di un'infrastruttura tecnica e digitale appartenente a singole società (sostanzialmente "slegate" tra di loro), non potrebbero aversi simili certezze.

Prima o poi, infatti, vi saranno società e utenti che non vorranno più sottostare ai Metaversi originari e pian piano verranno a sorgere nuovi progetti che attireranno diversi tipi di utenti tra i quali:

a) coloro non soddisfatti dell'esperienza originale;

b) coloro insoddisfatti dei prezzi alti (nel monopolio o nell'oligopolio il prezzo è deciso a tavolino e non stabilito dall'incontro tra domanda e offerta);

c) coloro che ricercano un'esperienza diversa;

d) coloro che scommetteranno sulle nuove esperienze investendo capitali proprio come fatto dai pionieri iniziali;

e) coloro che cercheranno di avvantaggiarsi della caduta dei "primi" prodotti per accaparrarsi lotti, proprietà e visibilità a prezzo ribassato.

Se i "successivi" Metaversi, (si può contare potenzialmente all'infinito, via via che si moltiplicheranno gli universi digitali), saranno in grado di attirare utenti promettendo prezzi concorrenziali, nuove esperienze, maggiore libertà e una più alta soddisfazione, allora una parte di utenti non insoddisfatti dei "primi" universi saranno incuriositi e inizieranno a frequentare gli altri. A questo punto i "primi" sarebbero costretti a rispondere alla concorrenza, ma nulla assicura che non si fossilizzino all'idea di essere quelli "autentici" e, dunque, continuino a dare per scontato il proprio *appeal* presso l'utenza. Tuttavia, se venissero a sorgere diversi universi non direttamente comunicanti tra di loro, non è detto che i "primi" Metaversi permangano centrali per l'utenza e continuino a portare utili ai primi, originali, investitori. Per un paradosso potrebbe benissimo verificarsi, anzi, che i "primi" Metaversi diventino una mera periferia del Metaverso (o dei Metaversi) del domani, un po' come è accaduto ai blog personali all'avvento dei social network.

Tale ragionamento può sembrare assurdo, ma vi sono vari casi storicamente avvenuti in cui una data società abbia visto ridursi il proprio *appeal* – o addirittura scomparire dal mercato – a seguito dell'ingresso di nuovi agenti maggiormente in grado di interpretare, o di creare ad arte, i sentimenti del momento dei consumatori: un caso lampante può essere quello della Olivetti nella creazione dei computer, soppiantata dai giganti Microsoft, Apple e IBM; o, ancora, come noti marchi nel mondo videoludico, ad esempio Atari, abbiano ceduto il passo dell'*home-gaming* ai nuovi giganti come Sony o Nintendo.

A parere di chi scrive, affinché il Metaverso possa diventare un ecosistema sostenibile nel tempo occorrerebbe che venisse a strutturarsi come una sorta di pianeta. Proprio come la Terra, ogni società che contribuirà allo sviluppo e alla vendita di servizi potrebbe rappresentare una nazione diversa, con la propria cultura, i propri obiettivi, un target specifico al quale rivolgersi. Tante "nazioni" comunicanti tra di loro potrebbero presto farsi concorrenza e cercare così di migliorare il proprio *appeal* e attrarre maggiori investimenti rispetto ai concorrenti diretti. La concorrenza, esattamente come nel mondo reale, sarebbe in grado di garantire uno sviluppo qualitativo continuativo nel tempo, perché la società che smettesse di confrontarsi sul mercato si vedrebbe necessariamente sur- classare dalle altre che, sviluppandosi, migliore- rebbero la *user experience*.

Dal punto di vista dell'utente, il quale non è un mero soggetto teorico ma rappresenta ciascuno nella doppia veste di individuo-consumatore, il Metaverso unico diviso in più "Stati" rappresen- terebbe l'opzione più sicura. In primo luogo, perché potrebbe in ogni momento abbando- nare la realtà digitale di una società in luogo del trasferimento presso un altro prodotto maggior- mente corrispondente al desiderio del mo- mento; in secondo luogo, perché con le sue scelte porterebbe a migliorare il Metaverso in generale e non solo quello da lui direttamente abitato/vissuto.

Nel caso in cui i Metaversi fossero più simili a pianeti molto distanti tra loro e, per molti aspet- ti, non in comunicazione diretta, viene normale pensare come l'utente avrebbe maggiori diffi- coltà di vedere aumentare e realizzare il suo in- teresse, e non esclusivamente quello della so- cietà che lo ospita, la quale potrebbe utilizzare il proprio potere in maniera monopolistica e non democratica (come si vedrà meglio in seguito).

Per realizzare questo Metaverso unificato viene naturale pensare che il "nuovo mondo" dovrebbe basarsi su un sistema di scrittura di tipo *Open Source*, liberamente fruibile ed editabile da chiunque ne abbia le capacità tecniche. Sistemi e codici sorgenti proprietari non permetterebbero l'ingresso a nuovi agenti, i quali dovrebbero ricreare da zero la struttura di un nuovo prodotto da offrire agli utenti a costi non certo contenuti e che verrebbero a scaricarsi sui consumatori finali.

Un chiaro esempio di una condotta simile sono i social network che popolano il web attuale: sono pochissimi, tra i vari esperimenti, quelli che hanno un successo planetario e che vedono interagire al proprio interno utenti di ogni parte del globo. Questo è dato dalla singolare esperienza utente che i social affermati possono offrire, permettendo di raggiungere segmenti di mercato diversi (per classi di età o interessi), prestandosi a soddisfare esigenze particolari. Nonostante negli anni vari piccoli produttori abbiano cercato di replicare il successo dei noti giganti della comunicazione social, solo alcuni sono riusciti a sopravvivere e vedere aumentare i propri fruitori, i quali comunque solo raramente abbandonano del tutto le piattaforme tradizionali. Ciò realizza una asimmetria: l'utente finale, pur non pienamente soddisfatto dalla *user experience*, non trova un surrogato capace sia di soddisfare le sue aspettative, sia che abbia una *community* sufficientemente grande, confermando in questa maniera la posizione di vantaggio dei social tradizionali che ingessano il mercato. Si voglia per abitudine, per pigrizia o, semplicemente, per carenza di servizi alternativi affermati, l'utente è costretto a sottostare alle regole e alle interazioni preparate in maniera standard dalle società tradizionali e, pur se non corrispondente ai propri desideri, continua a popolare sempre più pigramente un mondo che, appena pochi anni fa, era in pieno fermento.

Nella logica oligopolistica delle *Big Tech*, l'utente finale è ormai dato per assodato ed esse non si sentono più chiamate alla propria vocazione originaria, che era quella di offrire uno spazio confortevole da costruire attorno al singolo ego digitale. Oggi, le società sono orientate più alla conservazione della propria posizione dominante e, per riuscirci, sviluppano il tanto necessario a rendere il prodotto solo marginalmente (e parzialmente) diverso – ad esempio introducendo piccole novità nelle interazioni – ma non portando alcuna vera rivoluzione, la quale le porterebbe inevitabilmente a correre un rischio di mercato (come si diceva prima, non esistono investimenti senza rischi).

Quando poi queste società, ormai divenute "tradizionali", vedono minacciato il proprio dominio e intravedono all'orizzonte un prodotto che potrebbe, alla lunga, rubare loro fette di mercato, utilizzano il proprio potere di acquisto per inglobarle entro i loro confini, ristabilendo la gerarchia e conservando l'oligopolio.

Le stesse grandi della tecnologia hanno compreso da tempo che concentrarsi su mercati parzialmente differenti apporta loro un doppio vantaggio: il primo è quello di non sprecare capitali inutilmente per realizzare doppioni fallimentari, il secondo è che la specializzazione permette ai propri servizi di rimanere ai vertici dei rispettivi segmenti di mercato. Tuttavia, nella nuova epoca che si appresta all'orizzonte, queste società inevitabilmente dovranno scontrarsi nel medesimo campo (nel Metaverso) per continuare a mantenere la propria influenza. In un mondo immersivo, come promette di essere il Metaverso, non sarà sufficiente diversificare l'offerta di servizi, ma sarà necessario costruire quella stessa realtà che verrà, in un domani prossimo, sempre più attraversata dagli utenti. Nel caso in cui il Metaverso fosse di proprietà esclusiva di una o più società, inevitabilmente, le altre dovrebbero sottostare alle regole loro imposte: per colossi abituati sia a guidare il mercato, sia a orientare le aspettative, non sarebbe una strada percorribile nel lungo periodo.

Similmente, se ciascuno proseguisse nel costruire il proprio Metaverso gli utenti avrebbero la difficoltà oggettiva di scegliere in quale "abitare" e verrebbe a riprodursi l'asimmetria che già oggi si nota coi social network: un utente, a meno che non sia fortemente motivato (o sia obbligato) a farlo, difficilmente abbandona quanto meglio conosce per distaccarsi in un'altra realtà che potrebbe fargli perdere quella sicurezza che sente di possedere frequentando un luogo familiare. Un po' come capita a ciascuno con il proprio bar di fiducia: sicuramente non tutto (l'arredo, i prodotti offerti, il colore delle pareti) è veramente corrispondente ai desideri del cliente, ma per abitudini consolidate, frequentazioni di amici e rapporto personale con il personale e/o i gestori, difficilmente cambierà luogo dove fare colazione la mattina.

Creare il Metaverso unificato, basato su un codice *Open Source*, permetterebbe all'utente di non dover scegliere in maniera definitiva dove collocare il proprio avatar e stabilire i propri interessi, ma lo aiuterebbe a vivere un'esperienza consapevole capace di poter essere facilmente transitata da una parte all'altra dell'unico "pianeta". Un po' come quando si trasferisce la propria residenza in uno Stato diverso: si fanno le valigie, si vende la propria casa e si parte per una nuova avventura. Il Metaverso diversificato, invece, porterebbe a perdere ciò che si aveva nel primo, causando un sentimento di frustrazione per aver lasciato ciò che si era guadagnato spendendo tempo, fatica e denaro. Non certo una scelta facile, che solo i più motivati (o coloro che fossero costretti) potrebbero percorrere senza remore.

capitolo secondo

DELLE LIBERTÀ

Dopo aver esposto alcune delle problematiche rilevanti del Metaverso in fase di costruzione, è bene concentrare la riflessione sulle libertà che coinvolgeranno gli utenti del mondo digitale. Questa tematica non può fare a meno di confliggere con diversi problemi che sembrano ancora aperti: la questione della privacy, cioè della riservatezza che ogni individuo dovrebbe vedersi riconosciuta – e di cui dovrebbe poter godere – in tutti gli aspetti sensibili della propria vita; delle libertà di scelta e di movimento nel compimento di azioni nel mondo digitale; della necessità di rivelare o meno la propria identità. Di seguito qualche spunto di riflessione.

La riservatezza personale

Ogni utente che utilizza un'infrastruttura tecnica, già nel semplice accesso alla rete internet "tradizionale", si espone ad una sostanziale carenza di anonimità durante la fruizione dei servizi informatici. Nessuna rete al mondo è in grado di far perdere totalmente le tracce delle attività svolte dall'utente, neppure utilizzando avanzati sistemi di criptazione. Il che è ben presto spiegato: chiunque si trovi a veicolare informazioni nella rete globale percorre delle "autostrade digitali" che, trasportando le informazioni da un nodo all'altro, possono essere tracciate da chi costruisce e gestisce quelle stesse autostrade. Se già allo stato attuale si pongono importanti problemi riguardanti il trattamento dei dati personali, ancora di più il Metaverso rischia di essere una vasta landa dove non esiste riparo dagli occhi indiscreti.

L'utente che decidesse di avvalersi dei servizi digitali, proiettando il proprio avatar nel mondo immateriale, su quale grado di riservatezza potrebbe contare? Allo stato attuale nessuna certezza può confortare l'utente, il quale dovrebbe porsi il dubbio che la sua Meta-identità potrebbe essere sottoposta ad un monitoraggio costante da parte delle società che formeranno l'universo digitale. In sostanza, accettando i termini e le condizioni di utilizzo, l'utente potrebbe dare il proprio esplicito benestare per essere sottoposto a particolari processi di monitoraggio da parte dei fornitori dei servizi e, dunque, tutte le azioni attuate (con chi parla e cosa dice, cosa guarda, con cosa interagisce e cosa ricerca) potrebbero essere fatte oggetto di curiosità da parte dell'occhio vigile delle società produttrici.

Da un certo punto di vista il costante controllo delle attività potrebbe sembrare anche desiderabile: si pensi all'utente che utilizzasse il mondo digitale per attuare condotte illecite o illegali. Probabilmente in molti sarebbero disposti a cedere spazi della propria riservatezza al fine di mantenere alta la sicurezza nel mondo virtuale. La mera potenzialità che accadano comportamenti antisociali, però, non dovrebbe far perdere di vista l'invasività che potrebbe derivare dal vivere un costante "Grande Fratello" al solo fine supposto di prevenire e arginare comportamenti sbagliati. In sostanza ogni utente, parimenti a ciascun individuo nel mondo reale, dovrebbe poter godere della presunzione di innocenza, la quale lo tutela dall'invasività del controllore, sia esso lo Stato o qualsiasi altro soggetto, che non può intromettersi ingiustificatamente nella sfera personale del privato a meno che non vi sia notizia concreta, o il forte e motivato sospetto, che il cittadino abbia utilizzato in maniera deviante la propria libertà.

È piuttosto facile incorrere nel paradosso che condotte invasive della libertà, come lo sarebbe il costante monitoraggio da parte di un soggetto terzo, vengano giustificate con il fine di prevenire fenomeni illeciti, sottoponendo il soggetto a intromissioni nella propria sfera privata senza che egli abbia contezza di essere oggetto di osservazione in quel dato momento, al solo fine di giustificare la volontà e il desiderio di controllo. Tale ragionamento è tipico, ad esempio, degli Stati illiberali che utilizzano la narrativa del cittadino "uomo di vetro" per sospettare di chiunque non desideri esporre senza remore, di fronte alle autorità preposta, tutta la propria esistenza.

Naturalmente anche nel Metaverso si avrà la necessità di prevenire e di punire quelle condotte delittuose che potrebbero turbare la sicurezza e la pace degli altri utenti ma, a parere di chi scrive, non per questo ogni utente dovrebbe sacrificare la propria privacy in nome della "pubblica necessità" di correggere comportamenti devianti che potrebbero accadere in un futuro incerto.

I sistemi digitali moderni, sempre più precisi e raffinati, si prestano già oggi a una sostanziale "messa a nudo" dell'utente: i servizi di tracciamento delle preferenze di ciascuno, utilizzati col fine dichiarato di migliorare la *user experience*, raccolgono una grande mole di informazioni che vengono utilizzate per produrre un'esperienza quanto più calzante possibile per l'utilizzatore. Tuttavia, una gran parte dei dati vengono elaborati in maniere non sempre trasparenti e rivendute a soggetti terzi per operazioni di marketing, per la profilazione commerciale o per analisi predittive dei bisogni futuri. Nel Metaverso, in quanto esperienza immersiva, non saranno veicolate solamente informazioni su preferenze o interessi, bensì la stessa visione – mediata attraverso le apparecchiature necessarie all'ingresso nel mondo digitale – potrebbe essere sottoposta a raccolta di dati mediante un utilizzo sempre più determinante delle Intelligenze Artificiali (già oggi in fase di sviluppo). Questi sistemi, in maniera autonoma rispetto alla mediazione umana – la quale da sola sarebbe materialmente impossibilitata a monitorare tutto, minuto per minuto, utente per utente – potrebbero "spiare" ciò che l'utente vede e sente, immagazzinando dati che sarebbero poi utilizzati per vigilare sulla sua condotta.

A questo punto è bene domandarsi: potrà l'utente, vivendo la propria esperienza nel Metaverso, conservare la propria privacy senza temere l'intrusione di terzi, oppure dovrà rinunciare *tout court* al concetto di riservatezza? Probabilmente senza una regolamentazione precisa in materia sarebbero le singole società fornitrici a decidere in quali casi, quando, in quale misura, e se utilizzare il proprio potere di controllo nei confronti dell'utente finale, che per accedere e fruire dei servizi messi a disposizione sarebbe costretto ad accettare a scatola chiusa i termini e condizioni previsti dal fornitore dei servizi. Sostanzialmente l'utente verrebbe a firmare un contratto di natura privatistica (proprio come quando accede ad una sauna, o acquista in un negozio) preformato per la totalità degli individui, senza che il singolo abbia il potere di decidere quali informazioni condividere con la società fornitrice e a quali, invece, non consentire l'accesso.

Si può ben comprendere che un vuoto normativo sarebbe incapace di tutelare l'utente in maniera efficace, non permettendo ai singoli di poter conoscere in anticipo l'esatta mole di informazioni e interazioni che dovrebbero rimanere escluse dal controllo da parte dei fornitori dei servizi. L'utente-firmatario sarebbe costretto a subire le scelte ritenute opportune e convenienti dai fornitori dei servizi, senza poter avere sufficienti armi per difendersi dall'invasione della propria sfera personale se non, l'unica, quella di utilizzare il proprio potere discrezionale per rifiutarsi di accedere all'esperienza del Metaverso. Tuttavia, in un mondo sempre più iperconnesso e che sarà presto in grado di ampliare le possibilità di crescita e di sviluppo umano (e sociale) attraverso l'implementazione di un mondo parallelo a quello reale, il mancato ingresso per motivi etici, filosofici o politici legati all'eccesivo peso delle (possibili) clausole vessatorie stabilite da terzi rappresenterebbe una vera e propria condotta discriminatoria per il cittadino/utente che vedrebbe eccessivamente compresso il proprio diritto a meglio vivere le possibilità che il mondo offre, non per ultimo quello digitale inteso come ampliamento di quello reale. È probabile, infatti, che nei prossimi decenni la maggior parte della vita e delle interazioni verranno a concentrarsi sull'universo digitale in fase di costruzione e, se così fosse, chiunque non volesse sottostare a termini e condizioni invasive della privacy si troverebbe sostanzialmente relegato all'angolo dell'attività umana.

Naturalmente tutto questo potrebbe non verificarsi, ma il rischio che la mancanza di regole certe e chiare – e non meramente di natura contrattuale come sono termini e condizioni – possa determinare l'ampliamento della capacità per i fornitori dei servizi di poter "controllare" l'utente finale in qualsiasi momento costituisce una materia sufficientemente importante per chiedere e pretendere che la regolamentazione non avvenga a livello delle singole società, bensì che richieda una più complessa contemperazione dei diversi interessi chiamando in causa l'azione politica, parlamentare e governativa, degli Stati liberi. Le società private, infatti, come è naturale che avvenga, non potranno essere delegate a studiare le regole migliori nei termini della privacy e della riservatezza personale, perché il loro sacrosanto interesse è votato alla monetizzazione delle proprie prestazioni e al buon andamento delle proprie piattaforme. Tuttavia, pur avendo a cuore l'utente e cercando di realizzare al meglio le sue aspettative, le società potrebbero incorrere nella tentazione di aumentare la propria invasività con l'intento dichiarato di migliorare la soddisfazione stessa dell'utente, magari cercando di carpire i suoi desideri proprio utilizzando un'Intelligenza Artificiale "spiona" capace di captare il livello di gradimento o i bisogni dell'utente.

Per quanto questi intenti non possano essere automaticamente classificati come "malevoli" – non lo è affatto che una società cerchi sia di aumentare la soddisfazione dell'utente, sia di migliorare il proprio prodotto –, essi diventerebbero estremamente pericolosi per la riservatezza personale che verrebbe sacrificata in nome di un fine considerabile anche teoricamente buono, ma che nei fatti costerebbe all'utente stesso la compressione della propria riservatezza.

Le libertà di scelta e di movimento

Un altro aspetto non sottovalutabile è legato alle libertà di movimento e di scelta nel Metaverso. Come si diceva nel capitolo precedente, occorrerebbe stabilire se nell'universo digitale sarà possibile transitare da un luogo immateriale a un altro in maniera semplice e immediata alle medesime condizioni. L'utente, affinché la propria libertà venga rispettata, avrà accesso ai diversi mondi virtuali utilizzando la medesima apparecchiatura hardware, oppure sarà necessario possedere diverse strumentazioni a seconda del fornitore di servizi? Se quest'ultima ipotesi dovesse verificarsi, sarebbe facile immaginare come la scelta del Metaverso al quale accedere per primo vincolerà gran parte della propria libertà: difficilmente chi investirà denaro per entrare nella realtà virtuale sarà disposto a possedere un gran numero di apparecchi per poter accedere alle diverse esperienze proposte dalle varie società che si cimenteranno nella creazione dei Meta-mondi.

Se gli universi virtuali dovessero venire sviluppati come mondi separati e perlopiù non comunicanti tra di loro, l'utente vedrebbe fortemente limitata la propria libertà di scelta non solo riguardo al "dove" stabilirsi, bensì anche rispetto alle esperienze da vivere. Poniamo il caso, sem-

plice, di due grandi società che costruiscano ciascuna il proprio mondo. La prima (che verrà
chiamata *A*) e la seconda (*B*) dovrebbero diversificare la propria offerta per garantire la diffe-
renziazione della *user experience*. Alcuni importanti marchi deciderebbero di puntare
sull'universo di *A*, altri su quello di *B*. L'utente
non avrebbe la libertà di decidere di acquistare
un marchio non presente nel Meta-mondo nel
quale abiterà e sarebbe costretto a possedere un
avatar in ciascun mondo virtuale se volesse godere dei benefici di marchi che hanno fatto ingresso nei diversi mondi. In questo caso la libertà dell'utente sarebbe soggetta a quella de-
cisa a monte dai diversi marchi, che in origine
decideranno di stabilirsi in *A* o in *B*. Il libero
mercato, in tale scenario, sarebbe "meno libero" proprio perché le scelte dell'utente finale
sarebbero soggette a condizioni decise dal-
l'esterno. La scelta dei marchi sarebbe anche capace di condizionare fortemente gli utenti: se
nel mondo *A* l'offerta disponibile di intratteni-
mento, divertimento e cultura dovesse risultare
molto più ampia di quella di *B*, sarebbe abba-
stanza probabile che un gran numero di utenti

decidano di popolare il primo universo. Si penserà: dove sta il problema? L'utente può decidere in maniera autonoma dove abitare, senza alcuna costrizione. Certamente, si potrebbe rispondere, ma si ponga anche il caso che nell'universo digitale di *A* i termini e le condizioni di utilizzo prevedano una ampia invasività da parte della società produttrice in merito al problema della privacy osservato poco sopra, allora la maggiore attrattività di *A* verrebbe a ridursi, mentre nel mondo digitale *B* l'utente potrebbe contare su una maggiore tutela della propria riservatezza. A quel punto l'utente, non potendo transitare facilmente da un mondo virtuale all'altro, avrebbe l'enorme difficoltà di bilanciare una maggiore tutela della propria sfera privata in luogo di una maggiore libertà di scelta.

Se, invece, l'universo digitale fosse aperto e capace di ospitare diversi mondi virtuali al proprio interno, l'utente insoddisfatto potrebbe facilmente accedere al mondo *A* o *B* senza avere la sensazione di compiere una scelta dalla quale sarebbe difficile tornare indietro.

Inoltre, un Meta-mondo distaccato da altre realtà simili avrebbe probabilmente al proprio interno dei "percorsi obbligatori" costruiti artificialmente per garantire ai marchi investitori di avere un ritorno del proprio investimento in quel dato universo. Facendo un altro esempio, se il marchio Z dovesse aver investito ingenti capitali nel mondo A, la società A dovrebbe anche assicurare a Z che gli utenti saranno veicolati all'acquisto dei suoi servizi. Un altro marchio, X concorrente di Z, il quale ha investito meno, potrebbe essere penalizzato con una visibilità più scarsa. In tutto ciò l'utente godrebbe probabilmente della libertà di orientare il proprio interesse su Z o su X, ma l'accesso a questo o all'altro prodotto non avrebbe la stessa immediatezza e, magari, la stessa attrattiva – costruita artificialmente per avvantaggiare il maggior investitore.

In una dinamica di mercato simile, l'utente vedrebbe compressa la propria capacità di scelta. Infatti, se nel mondo reale e interconnesso egli può rivolgere al mondo intero la propria attenzione alla ricerca del prodotto che soddisfi le sue aspettative (il prezzo, la desiderabilità, la scarsità), in Meta-mondi chiusi al loro interno non sarebbe possibile all'utente ricercare la propria piena soddisfazione. In poche parole, si tornerebbe al criterio della prossimità – cioè della vicinanza dell'offerta disponibile – regredendo al concetto dominante nell'epoca precedente allo sviluppo di internet.

Al giorno d'oggi se un utente non è soddisfatto di quanto proposto all'interno di un servizio, ad esempio in un dato marketplace dal quale è solito acquistare, egli può comunque ricercare in altri servizi simili la propria soddisfazione. Tutto ciò è possibile perché l'utente può liberamente rivolgersi a una vasta rete che abbraccia il mondo intero e non è costretto ad acquistare il bene che gli interessa esclusivamente dentro al contenitore del quale è cliente abituale. Restringendo lo spazio di azione, le scelte del cliente sarebbero compresse entro luoghi digitali predefiniti e ristretti solo ad alcuni marchi. Non è tutto. Quando il mercato viene a restringersi, il prezzo, cioè l'ammontare delle risorse necessarie per entrare in possesso di quel bene, viene ad aumentare a causa della minore disponibilità di concorrenza. Si pensi a quanto è calato, negli ultimi anni, il prezzo di molti beni: ciò è stato reso possibile da una maggiore concorrenza che, potendo beneficiare di clienti non più legati a concetti di territorialità, ha fatto aumentare la produzione (aumento dell'offerta) e reso maggiormente economico l'acquisto dei beni. Al giorno d'oggi i "poveri" sono meno poveri dei propri omologhi di due o trecento anni fa, proprio perché i poveri odierni possono avere accesso a beni – che attualmente si considerano essenziali – con maggiore facilità rispetto al passato. Tutto ciò non è da attribuirsi ad altro se non all'aumento della concorrenza, alla crescita della produttività e all'abbassamento del costo marginale di produzione (cioè a quanto effettivamente costa produrre una data unità aggiuntiva di un bene).

In un mondo digitale aperto si riscontrerebbero benefici simili e, anzi, questo potrebbe anche segnare un'ulteriore possibilità di accesso a beni e servizi a prezzi vantaggiosi anche da parte dei meno abbienti, segnando una diminuzione della povertà assoluta. Invece, in mondi digitali non comunicanti questo non potrebbe verificarsi, proprio a motivo della carenza di concorrenza che porterebbe alla creazione di oligopoli, o comunque di un restringimento del mercato, che avrebbe conseguenze nefaste per le tasche degli utenti, ricostruendo quella territorialità – questa volta in formato digitale – alla quale l'utente non potrebbe sfuggire, neppure decidendo di abbandonare il mondo di *A* in luogo di quello di *B*, nel quale si ricreerebbero dinamiche del tutto simili.

L'identità digitale

Privacy e libertà di scelta possono rappresentare due scogli del futuro, ma sempre più vicino, universo digitale. Non sono, però, questi gli unici aspetti a rappresentare delle criticità e a porre degli interrogativi prima che il Metaverso diventi una realtà quotidiana per miliardi di individui. Se in precedenza si è cercato di riflettere sulla possibilità per l'utente di tenere fuori dal proprio perimetro le invasioni eccessive alla propria sfera riservata e intima, è tuttavia bene riflettere anche su un altro aspetto riguardante la personificazione della propria identità.

Nel mondo reale ciascun individuo dispone di una propria identità, fisica e giuridica, dal momento della nascita. Quel soggetto sarà tale per tutta la vita, sia nelle relazioni sociali, sia nei confronti dei diritti e dei doveri di tipo pubblicistico – ossia quelli che riguardano lo Stato. Chiunque nasce è cittadino di uno Stato e lì sviluppa tutta una serie di situazioni giuridiche strettamente personali (come il diritto al nome o all'integrità fisica), ma è anche titolare di specifici obblighi nei confronti della legge. Un cittadino italiano, uno britannico o uno statunitense hanno ciascuno la propria soggettività specifica, il proprio nome e cognome, il diritto di essere protetti dall'ordinamento dalle aggressioni da parte di altri soggetti. Tuttavia, ciascuno di questi cittadini – italiano, britannico, statunitense – è chiamato ad osservare norme giuridiche proprie di ciascuno Stato, ognuno nel suolo in cui vive.

Per fare un esempio banale, negli Stati Uniti il giovane cittadino sedicenne può conseguire la licenza di guida e può condurre veicoli, mentre in Italia un coetaneo deve attendere il raggiungimento dei diciotto anni di età per poter fare lo stesso. Ancora, il cittadino britannico guiderà con la seduta a destra e percorrerà le rotatorie stradali in senso orario, mentre se ciò venisse fatto da un cittadino statunitense o italiano all'interno del proprio Paese egli si vedrebbe sospesa la licenza di guida e sarebbe chiamato a pagare una sanzione.

Di esempi come quelli sopra riportati possono esserne prodotti a centinaia: essi costituiscono la sostanziale diversità culturale, legislativa e politica dei singoli Stati, pur essendo tutti collocati nello stesso mondo e facenti parte della medesima cultura occidentale. Ciò risulta chiaro nel mondo reale, fatto di materialità e di confini ben precisi, ma la questione si complica se si pensa che nel Metaverso i confini geografici non saranno più così netti come quelli attuali. In parole povere se, come prevedibile, il mondo digitale ospiterà persone residenti in qualsiasi parte del mondo reale, quale legislazione dovrà seguire l'utente? Il problema potrebbe non essere semplice da affrontare e, soprattutto, potrebbe non essere neppure applicabile l'attuale modello utilizzato nell'era del *Word Wide Web*. Infatti, sebbene internet permetta di connettersi con diverse parti del mondo, l'utente rimane comunque ancorato alla fisicità del mondo reale e dovrà seguire la legislazione del proprio Stato di residenza.

In un mondo costruito in maniera digitale, immersivo e multisensoriale come quello del Metaverso, però, l'utente verrà a calarsi in una dimensione che gli permetterà di agire entro nuovi confini dove difficilmente, a parere di chi scrive, potranno applicarsi criteri di valutazione diversi per un medesimo comportamento.

Come insegna la teoria giuridica degli Stati liberi, in linea tendenziale entro lo stesso Stato casi simili non possono essere giudicati in maniera diversa. Si pensi al cittadino statunitense e a quello italiano dell'esempio precedente sul conseguimento della licenza di guida: se questi due utenti dovessero vivere dentro gli stessi confini, siano essi digitali o reali, non potrebbero vedersi applicata la regola dell'età in maniera differente, perché altrimenti si porrebbe il problema della discriminazione. Oppure, si pensi ancora se – già oggi – un videogiocatore di uno Stato dovesse osservare regole diverse nel medesimo gioco in ragione della propria provenienza geografica. Sarebbe semplicemente impossibile "giocare la stessa partita" con regole diverse, potendo o non potendo fare alcune cose a seconda dell'età o della cultura giuridica del paese di provenienza. Questo particolare problema verrà affrontato nuovamente in seguito, quando si parlerà del governo del Metaverso.

Il discorso sulla soggettività dell'utente rientra comunque all'interno del tema delle libertà in corso di trattazione. Infatti, sarebbe importante riflettere sul valore effettivo dell'identificazione con il proprio avatar – o i propri avatar. Nel Metaverso sarà disponibile una sola identità per individuo, il quale impersonificherà esattamente sé stesso nel corso di tutta l'esperienza, oppure sarà possibile interpretare tante identità diverse slegando l'avatar dal concetto di soggettività? Naturalmente molte cose cambierebbero a seconda della risposta, perché nel mondo reale l'identità posseduta è sempre e solo una, quand'anche l'utente decidesse di celarla artificiosamente. Capita spesso che nel mondo multimediale ciascuno abbia diversi profili: quelli più simili alla realtà sono, generalmente, in uso nei social network, altri account invece (dove il grado di identificazione richiesto è meno elevato) non corrispondono necessariamente a connotati reali. Si pensi alla differenza tra un profilo su un network specializzato nella ricerca di un impiego e l'account utilizzato per porre domande imbarazzanti sulla rete. In entrambi i casi l'utente sarà il medesimo, ma essendo le piattaforme diverse e con differenti scopi, lo stesso utente può sia essere sé stesso fornendo dati molto puntuali (come nel primo caso condividendo la propria età, le esperienze lavorative, i titoli di studio) sia, nel secondo caso, "recitare" di essere qualcun altro (magari mentendo sulla propria età anagrafica, il sesso o impostando una foto del profilo non necessariamente reale).

Il Meta-mondo che decidesse di legare l'identità degli utenti alla loro identità reale dovrebbe farlo in base a criteri di riconoscibilità precisi –

come, ad esempio, la registrazione delle informazioni rilasciate dagli uffici anagrafici dei rispettivi Stati. Questo porrebbe anche il limite dell'età minima necessaria per effettuare l'accesso al mondo digitale, non potendo gli utenti minorenni concedere il proprio consenso (o firmare un contratto quale i termini e le condizioni di servizio) prima di aver raggiunto la maggiore età. Se, invece, chiunque potesse slegare la propria identità reale da quella digitale, il Metaverso si presterebbe a diventare una landa confusa dove, per certe attività, l'utente potrebbe fingere di essere qualcun altro. Se ogni individuo potesse possedere non un solo avatar, ma infiniti alter ego, allora il Meta-mondo potrebbe ospitare in breve tempo più utenti della reale popolazione mondiale. Inoltre, la tracciabilità diverrebbe molto più complicata: per esempio, il soggetto che ricerchi materiale illecito o traffici ritenuti comunemente illegali nella generalità degli Stati (come il traffico di esseri umani, quello di organi, la vendita di armi, la pedopornografia) potrebbe certamente beneficiare della carenza di identificazione univoca proprio a motivo della possibilità di moltiplicare i propri avatar, dando vita a identità fittizie che si presterebbero a complicare il compito di vigilanza delle autorità preposte alla tutela dell'ordine pubblico.

Se, da un lato, l'identità univoca sarebbe certamente desiderabile per raggiungere un miglior grado di sicurezza dell'intera piattaforma – precludendo a priori l'ingresso agli utenti minorenni si potrebbe già, di per sé, limitare il fenomeno del loro adescamento da parte di individui poco raccomandabili – sicuramente verrebbe a porsi il problema per l'utente di non poter usufruire della dovuta privacy per il compimento di determinate attività (comunque lecite) quali il frequentare un certo comizio politico, accedere alle riunioni di una congregazione religiosa o visitare uno strip club adibito a determinate preferenze sessuali. In questo caso sarebbe necessaria, a parere di chi scrive, non l'utilizzo di un'identità fittizia per il compimento di certe attività "sensibili", bensì la possibilità per l'utente di avvalersi del diritto all'oblio: anche se per accedere al mondo digitale l'utente dovrebbe essere esattamente sé stesso, avrebbe ugualmente il diritto di pretendere che nessun altro utente possa riconoscerlo (magari oscurando in certi ambienti il proprio nome, oppure camuffando ad arte il proprio avatar).

In questa maniera i gestori dei servizi frequentati, così come gli altri utenti, non dovrebbero per forza (se egli non voglia rivelarlo) conoscere a chi appartiene l'avatar, ma la società cui appartiene quella porzione di Meta-mondo dovrebbe poter rintracciare, in caso di necessità, l'impronta univoca dell'utente nel rispetto della riservatezza personale. Anche nel mondo reale, infatti, ciascuno possiede la propria identità reale in ogni momento, ma non deve obbligatoriamente rivelarla agli altri se non voglia. Spetta alle autorità competenti, in caso di necessità, accertare l'identità dell'individuo con ogni mezzo ritenuto conveniente (richiesta dei documenti, identificazione facciale, etc.).

In definitiva, potrebbe essere considerata una invasione delle proprie libertà quella di possedere una sola identità assegnata ad ogni utente? A parere di chi scrive la risposta è negativa, a patto che esistano apposite garanzie di *"anonimizzazione consapevole"*, ossia sotto il pieno

controllo dell'utente, il quale dovrebbe poter-
sene avvalere in ogni momento ma, soprattutto,
in maniera specifica per tutte quelle attività che
potrebbero costituire una violazione del proprio diritto alla riservatezza. Si noti che "*anonimizzazione consapevole*" non significa anoni-
mato: in quest'ultimo caso si dovrebbe presu-
mere che nessun soggetto, neppure il controllore ufficiale, potrebbe comprendere chi si cela
dietro un determinato avatar, mentre nella *anonimizzazione* l'utente, pur essendo sé stesso,
potrebbe interpretare una parte nascondendo la
vera identità agli altri utenti (ma solo a loro, non
anche al soggetto deputato al controllo, in caso
di necessità).

Naturalmente perché il controllore possa effettuare verifiche sulla reale identità dell'avatar appositamente anonimizzato dovrebbe aver delle
fondate ragioni che lo autorizzino alla ricerca
dell'impronta univoca del soggetto. Non dovrebbe, in definitiva, essere un potere di tipo discrezionale applicabile in qualunque situazione,
ma solo in caso di motivazioni particolari come,
ad esempio, la tutela dell'ordine pubblico o l'ac-

certamento dei fatti riguardo al possibile coinvolgimento dell'utente in un'ipotesi di reato.

In precedenza si è sottolineato come il Metaverso non dovrebbe essere basato sul concetto dell'"uomo di vetro", cioè sull'individuo che rinnega il proprio diritto alla privacy in nome della presunta trasparenza di ogni azione che compie, ma la sicurezza non può prescindere dalla responsabilità per ciascuno di essere riconoscibile nel caso in cui si verifichino situazioni dubbie, in cui vi sia il fondato sospetto che egli abbia compiuto attività potenzialmente in grado di turbare l'ordine pubblico. Com'è ovvio, anche l'utente, grazie alla *anonimizzazione consapevole*, dovrebbe veder garantito il suo interesse a difendere sé stesso dalle eventuali illazioni a cui potrebbe essere esposto. I dati oggetto di vaglio da parte delle autorità competenti dovrebbero essere messi a disposizione dello stesso utente che volesse dimostrare la propria innocenza, non potendo la sola autorità preposta, in assenza di contraddittorio, prendere decisioni arbitrarie sia che siano indirizzate a ledere il diritto dell'utente di fruire della propria libertà nel mondo digitale, sia che possano esporlo a pro-cedimenti sanzionatori di tipo unilaterale.

capitolo terzo

DEL GOVERNO

Pensare al Metaverso in fase di costruzione e di realizzazione porta, inevitabilmente, a riflettere riguardo a quali soggetti saranno deputati al suo governo. In ogni spazio di vita frequentato dagli esseri umani non è possibile immaginare l'assenza di un complesso di soggetti e istituzioni che traccino la direzione da intraprendere, che si facciano interpreti delle necessità umane e che, infine, forniscano risposte tramite l'azione di governo. Sin dagli albori della società umana, gli esseri umani hanno dovuto elaborare un complesso di norme – prima semplici, poi via

via più progredite – che potessero realizzare il comune interesse ad una convivenza pacifica. Le norme, però, non vanno solo stabilite, elaborate e sancite, ma devono pure essere fatte rispettare da un'autorità riconosciuta come tale dalla maggioranza degli individui che abitano quella comunità. Senza volersi dilungare sugli aspetti preminenti della teoria politica e della sua costruzione, si permetta di rammentare al lettore che esistono diverse forme di governo – alcune maggiormente partecipative, come la democrazia, altre meno, come la dittatura – e che i modelli dominanti in un dato periodo storico non sono necessariamente quelli definitivi. Per fare un esempio, si pensi a quanti cambiamenti sono occorsi negli ultimi secoli: nel '600 la forma di governo più comune era la monarchia assoluta, dove il sovrano deteneva pressoché tutto il potere in capo; nell'800 iniziava a diffondersi il concetto di democrazia rappresentativa che prese piede nel mondo Occidentale in maniera più spedita dopo la fine della Seconda Guerra Mondiale.

Nel mondo reale odierno, soprattutto in quella tradizione occidentale nella quale l'Europa e il Nord America sono inserite, sarebbe impensabile che un soggetto detenesse tutto il potere in mano propria perché questo porterebbe diffidenza: nessun essere umano è capace di interpretare, da solo, la volontà di tutti gli individui ed è in grado di assicurare la Giustizia. Per questo motivo è stata elaborata la "tripartizione del potere", la quale prevede che il potere esecutivo (del governo), quello legislativo (del parlamento) e giudiziario (della magistratura) debbano essere detenuti da diversi soggetti appositamente designati nelle carte Costituzionali dei diversi Stati. Questo sistema costituisce la creazione del limite all'esercizio del potere, stabilendo in maniera precisa le attribuzioni di ciascun organo e il modo di esercitare le prerogative assegnate.

Anche nel Metaverso, essendo un vero e proprio mondo digitale e immersivo abitato da esseri umani, sarà necessaria la creazione di una struttura giuridica che funga da garanzia per tutti, utenti e società. Questi, infatti, si troveranno a condividere uno spazio (per quanto digitale) e ciascuno dovrebbe potersi avvalere delle tutele che sono già nel mondo reale. In parole povere, dovrebbe esistere una carta costituzionale comune che possa esplicare quali sono i diritti e doveri dei diversi soggetti, che designi chi sarà titolare delle diverse funzioni necessarie al buon andamento del Meta-mondo e la maniera in cui i soggetti potranno essere investiti di questi incarichi.

Ma, viene da chiedersi, chi dovranno essere i soggetti che in prima battuta dovranno trovare quegli accordi necessari a dotare il Metaverso della sua prima carta costituzionale? In un primo momento verrebbe da rispondere che sono le singole società creatrici del Meta-mondo a dover decidere quelle regole e stabilire chi eserciterà una funzione piuttosto che un'altra. Eppure, questa risposta potrebbe essere un azzardo per due ordini di fattori: il primo è, come osservato in precedenza, che la (o le) società realizzano per vocazione naturale il proprio interesse e non possono farsi interpreti di quello della collettività degli utenti attuali o potenziali;

il secondo fattore è che la (o le) società creatrici dovrebbero avocare a sé tutti e tre i poteri (comporre le regole, giudicare i casi controversi e farle rispettare), finendo per concentrare tutto il potere in proprio capo e, dunque, facendo recedere l'attuale modello democratico del mondo reale alla previgente forma di governo, quale la monarchia assoluta. Viene naturale pensare come una sostanziale discrasia tra mondo reale, basato sul concetto di democrazia rappresentativa, e quello digitale, basato sul potere in capo ad uno o a pochi soggetti, potrebbe creare non pochi problemi di comunicazione tra mondi che dovranno abituarsi a vivere in stretto contatto e – probabilmente – a divenire sempre più somiglianti l'un l'altro.

Stabilire quali soggetti dovrebbero possedere la capacità di garantire la libertà degli utenti, affinché essi siano protetti dall'arbitrio di uno o pochi decisori, è una questione fondamentale perché il Metaverso possa divenire sempre più una realtà democratica e in simbiosi con i diritti umani. Dove non vi è dibattito, posizioni diverse e differenti orientamenti ideologici, dove non esiste un'opposizione efficiente che esegua il controllo della cosa pubblica, esistono solo l'arbitrio e la sostanziale carenza di garanzie. Se si ritiene che questo ragionamento possa essere estremo e troppo pessimista, si pensi alla discrezionalità esercitata da alcune società di social network che in passato hanno deciso in maniera arbitraria, e nella sostanziale assenza di contraddittorio, di bandire dalle proprie piattaforme persone o organizzazioni ritenute non in linea con le proprie *policy*. Una società privata, chiamata a ricercare e conseguire il proprio legittimo interesse, può liberamente disporre cosa far risiedere al proprio interno, ma nessuno potrà sindacare se l'esclusione di un'utente ritenuto "sgradito" o di un collettivo ritenuto "sedizioso" sia legittima o meno. A pensarci bene, ognuno apre la porta della propria casa solo a chi gli aggrada e questo dovrebbe essere un diritto sacrosanto di ciascuno. Tuttavia, quando si parla di Metaverso non si sta ragionando della riproduzione di una "stanza" privata, bensì di costruire spazi di interazione allargati e capaci di raccogliere al proprio interno una realtà parallela a quella del mondo reale che, dunque, non potrà essere slegata dalle dinamiche umane e sociali già in atto nella realtà.

A parere di chi scrive, dovrebbero sorgere in ogni Stato libero appositi comitati di studio della delicata questione riguardante il governo del Metaverso, ciascuno capace di produrre quegli orientamenti utili ad avviare il dibattito su quanto necessario per realizzare la prima struttura giuridica del mondo digitale e immersivo. Se, come ricordato in precedenza, nell'attuale mondo interconnesso ogni utente che fruisca dei servizi di internet rimane strettamente ancorato al mondo reale, e dunque è soggetto a rispettare l'ordinamento del Paese in cui si trova, nel Metaverso l'utente vivrà in una dimensione parallela dove le regole dovrebbero essere comuni a tutti gli utenti, a prescindere dalla territorialità di ciascuno. Per fare ciò occorre che le società produttrici facciano un passo indietro, ma anche che la politica degli Stati liberi ne faccia due avanti: il primo dovrebbe essere quello di dichiarare il Metaverso un interesse comune dell'umanità, il secondo quello di stabilire le re-

gole alle quali società e utenti dovranno sottostare.

La politica del mondo reale dovrebbe, dunque,
costruire un sistema breve e asciutto di regole
necessarie a dare il primo avvio ad una futura e
più corposa strutturazione che dovrebbe avvenire all'interno del Meta-mondo. Infatti, se le
regole iniziali sono necessarie a garantire la non
discriminazione e ad arginare il potere discrezionale e arbitrario che potrebbe interferire con
i diritti garantiti dagli Stati del mondo libero, dovrebbero essere poi gli utenti del Meta-mondo
ad esercitare in maniera autonoma il proprio
potere di partecipazione e di autodetermina-
zione per costruire una politica del Metaverso.
Solo se verrà a crearsi una struttura di stampo
democratico, rappresentativa e partecipativa,
l'esperienza nel mondo digitale potrà garantire
le libertà degli utenti, ma anche delle società che
decideranno di investire in quel luogo. Se, invece, la politica attuale del mondo reale dovesse
disinteressarsi alla questione del mondo digitale, allora le società produttrici avrebbero buon
gioco a costruire ciascuna il proprio sistema di

regole e di modi di esercizio del potere che, però, avrebbero un grave handicap nel lungo periodo: il rischio di tramutare quella esperienza in qualcosa di somigliante a dei veri e propri regimi autarchici.

Non si ignori che il Metaverso in fase di costruzione, oggi una mera appendice del mondo materiale, potrebbe tra poche decine di anni progredire in maniera tale da costituire la spina dorsale di entrambi i mondi. Quando la maggior parte delle transazioni commerciali, delle esperienze sensoriali e delle proprietà reali (come case e terreni) si troverà in quel mondo digitale, sarà allora che poche società potrebbero creare un'oligarchia nella quale si rimarrebbe intrappolati e dove potrebbero non esistere più margini – o, perlomeno, questi sarebbero fortemente ristretti – per correre ai ripari. Certo, la storia insegna che la volontà umana è capace di rovesciare anche i peggiori regimi: tuttavia, a differenza della materialità nel mondo digitale sarebbe molto più facile invadere la sfera delle libertà dei cittadini-utenti, tanto che si potrebbe addirittura riuscire ad ingessare anche la possibile realizzazione di una resistenza.

Invero, si invita a riflettere sul fatto che per porre fine ad un'eventuale oligarchia non sarebbe sufficiente "staccare la spina" e tornare nel mondo reale. Infatti, le persone si collocano per naturale inclinazione dove:

a) vi sono altri esseri umani,

b) vi sono interessi economici,

c) i bisogni vengono soddisfatti con maggiore facilità.

Potrebbe non essere sufficiente, dunque, avere quale *exit strategy* il recedere da un'esperienza che, quando sarà pienamente avviata, costituirà il centro di interesse e di sviluppo più grande da molti secoli a questa parte.

La politica nel mondo digitale

La questione del governo nel Metaverso e, come detto, dei soggetti che saranno titolari della funzione di assicurare il buon andamento e il rispetto dei diritti degli utenti nel mondo digitale, porta a riflettere sulla questione politica. Come anche ricordato sopra, la politica è necessaria all'essere umano ogniqualvolta vi siano strutture comunitarie complesse che sarebbero impossibili da gestire senza un'adeguata sintesi tra prospettive e ideali differenti. L'assenza della politica, o dei suoi rappresentanti designati, comporta la polarizzazione e l'estremizzazione delle divergenti vedute che, se non normalizzate, potrebbero sfociare in conflitti di tale portata da essere in grado di turbare la pace sociale.

I consessi democratici, come i parlamenti nelle democrazie occidentali, permettono di incanalare le logiche conflittuali entro i limiti dell'aula, luogo dove le differenti opinioni – seppur accese – vengono dibattute in libertà, ma nel rispetto dei protocolli e dei regolamenti interni. Se, negli ultimi decenni, i conflitti interni tra la popolazione degli stati democratici non sono scaturiti che raramente nei "bagni di sangue", lo si deve soprattutto alla capacità dei parlamenti di assorbire al proprio interno i problemi sociali, economici e politici e di produrre una sintesi tra le diverse logiche in gioco.

Anche nel Metaverso, essendo un luogo di incontro e di scambio, nasceranno problemi che dovranno essere affrontati. Come si è detto nel paragrafo precedente, dovrebbe spettare agli Stati del mondo libero la validazione della "carta costituzionale del Metaverso" contenente le prime, necessarie, norme di garanzia. Tuttavia, saranno gli utenti stessi del mondo digitale a dover decidere da chi essere rappresentati al suo interno e da chi essere, anche, guidati. Ad avviso di chi scrive, non sarà possibile trovare altra soluzione – almeno nella prima fase – che quella di replicare il modello di democrazia rappresentativa già in uso nel versante Occidentale del mondo reale. Con i dovuti distinguo. In primis, non sarebbe automatico che gli attuali leader politici, capi di Governo o di Stato debbano essere "condivisi" tra mondo reale e digitale. Infatti, essendo il Metaverso un territorio immateriale, nessuno Stato potrà rivendicare la propria sovranità su di esso, ma ogni porzione creata dovrebbe godere della propria autonomia. In secondo luogo, la politica del mondo reale dovrebbe certamente guardare al Metaverso – nel lungo periodo – come una vera e propria effettività: esso dovrebbe essere considerato un allargamento del mondo reale e, come tale, trattato. Dei due mondi nessuno potrà avere la preminenza sull'altro, anche se il primo (quello reale) senza l'altro può sussistere, contrariamente al secondo.

Il Metaverso, però, con le sue dinamiche specifiche e le sue peculiarità, avrà necessariamente bisogno di essere guidato e rappresentato da persone specializzate nella politica di quel mondo, che abbiano le visioni adeguate a quel tipo di mondo e che portino avanti idee in quel mondo. Verrà pressoché naturale il formarsi di nuovi soggetti che si costituiranno in associazioni e formazioni politiche che agiranno entro i confini digitali e che chiederanno di avere voce e luogo per poter affermare i propri princìpi e ideali. Sarà così che potrà prendere vita il primo embrione di democrazia del Metaverso, che verranno a nascere e svilupparsi i partiti politici, che verranno a combinarsi i desideri degli elettori e quelli dei rappresentanti. Certo, anche il tema riguardo chi dovrebbe possedere il diritto di voto, sia attivo che passivo, sarebbe oggetto di contese e dibattiti, ma in linea generale si potrebbe affermare la capacità di ciascuno di poter eleggere i propri rappresentanti – naturalmente se sarà disponibile il possesso di un solo avatar per individuo.

Costruire dei Meta-parlamenti, dei Meta-governi e una Meta-giustizia, autonomi dagli omologhi del mondo reale, assicurerebbe al nuovo mondo la possibilità di autodeterminarsi e di autoregolamentarsi secondo criteri propri e non necessariamente derivati dal mondo reale. Anzi, potrebbe aprire spazi di crescita del genere umano e di una maggiore consapevolezza nell'esercizio democratico, permettendo anche a persone che materialmente vivono in luoghi lontanissimi tra di loro di comprendere e sperimentare la libertà. Una crescita del mondo digitale in senso partecipativo potrebbe addirittura spingere la politica del mondo reale ad adeguarsi a nuovi standard oggi ritenuti impensabili. Si pensi al caso in cui cittadini appartenenti a realtà totalitarie e non democratiche siano in stretto contatto con altri che godono di maggiori libertà: questo potrebbe portare all'abbattimento di quegli steccati tutt'ora esistenti nel mondo reale tra democrazia e dittatura.

La libertà, è bene ricordarlo, non è mai conquistata una volta per tutte, ma richiede che sia sempre sperimentata ed esercitata affinché non venga a perdersi. Proprio come una brezza leggera, quasi insignificante allorquando soffia, la libertà fa sentire tutta la sua importanza quando viene meno ed è allora che è possibile comprenderne il quieto beneficio sino a quel momento apportato. Similmente, se un cittadino residente in una realtà non democratica dovesse entrare in stretto contatto con la bellezza di essere parte viva e attiva dei processi politici, probabilmente sentirebbe il desiderio di replicare anche nella vita di tutti i giorni quelle pratiche sino ad allora negategli.

Come ogni occasione, però, anche questa potrebbe essere sprecata nel caso in cui tali condizioni non venissero a realizzarsi e, invece, si venisse a creare quell'oligarchia che veniva citata in precedenza. È bene fare di tutto già oggi per non ignorare le possibilità, ma anche i pericoli, di rimandare a un domani remoto il dibattito sulla questione fondamentale del governo del Metaverso.

Ciò permetterebbe di non dover rimpiangere in un domani prossimo il disinteresse verso gli albori di un mondo che, sebbene ancora in fasce, promette già di incidere profondamente sulla realtà sinora esistita.

CONCLUSIONI

Nel corso di queste pagine si è cercato di proporre al lettore una riflessione su alcuni aspetti che potrebbero rappresentare delle criticità nel Metaverso in fase di costruzione. Seppur siano innegabili i benefici ed esaltanti le prospettive date da questa nuova realtà digitale, non mancano i punti sui quali auspicare già d'ora un dibattito serio ed informato. Naturalmente, essendo il Meta-mondo non ancora affermato, molti dei temi affrontati potrebbero apparire lontani nel tempo e, forse, anche prematuri.

Tuttavia, avere la possibilità di porsi oggi degli

interrogativi potrebbe permettere lo sviluppo di soluzioni in maniera armoniosa e non frettolosa un domani non troppo lontano. Certamente il lettore potrebbe pensare che per risolvere i problemi, già troppi e gravi nel mondo reale attuale, ci sarà tempo. Eppure, come testimoniato dalla sostanziale mancanza di una legislazione comune e condivisa tra gli Stati a riguardo della interconnessione permessa da internet, avvenuta sotto la spinta determinante dei privati che hanno deciso di lanciarsi in un mondo all'epoca inesplorato, non è mai troppo presto per cercare di non farsi cogliere impreparati dall'avvento di nuove tecnologie in grado di modificare sostanzialmente l'esperienza umana.

In questo saggio si è cercato di sviluppare dei punti di lettura critica del fenomeno del Metaverso; tuttavia, è bene per chi scrive chiarire la propria posizione a riguardo delle singole società che, meritoriamente, si apprestano a muovere i primi passi verso lo sviluppo di questa importante tecnologia. Potrebbe infatti apparire, in alcuni passaggi, che si muovano critiche verso le aziende private che creeranno e renderanno possibile, col loro ingegno, lo sviluppo di una nuova maniera di interagire. Le società private svolgono un ruolo fondamentale nel miglioramento della vita di miliardi di persone e grazie a loro è possibile lo sviluppo di nuovi gradi di benessere per l'intera umanità. Ogni istituzione umana deve però concorrere per quel che le compete alla creazione di benessere: le società private devono interpretare e creare quei bisogni, le istituzioni politiche hanno il compito di vigilare sul buon andamento e sulla tutela delle libertà. La carenza di una regolamentazione di cornice utile a confinare le rispettive azioni porta ad inevitabili conflitti e alle invasioni di campo. Dove vi è confusione tra ruoli e prerogative vi è il caos, e là dove è il caos si è tutti meno capaci di realizzare, liberamente, i propri interessi.

In conclusione, si chiede in anticipo venia al lettore per eventuali errori, omissioni o sviste. Il focus di queste pagine ha inteso ragionare in maniera critica sulla nuova realtà, comparando esperienze (reale e digitale) che ancora non sono in piena simbiosi e che sono state, per forza di cose, immaginate a partire da ciò che la storia ha sinora permesso di sperimentare.

Biografia dell'autore

Stefano Musu nasce il 21 dicembre 1989 in Sardegna, terra che ama. Vivrà sino ai 19 anni a Carloforte prima di trasferirsi per motivi di studio a Cagliari, sua città d'adozione, dove attualmente vive.

Sin da bambino diventa un vorace lettore di quotidiani e riviste di informazione e si appassiona alla politica.

Il suo orientamento ideologico è di stampo liberale classico. Antitotalitario per definizione, diffida dagli estremismi politici e dai fautori del pensiero unico.

Si considera eticamente vicino agli ideali Radicali riguardanti la Giustizia, le carceri, il fine riabilitativo della pena. Sogna la nascita di un partito Liberale Radicale per abbracciare entrambe le sue visioni del mondo.

Si è formato a livello accademico presso l'Università degli Studi di Cagliari.

Sin dalla giovane età ha collaborato con la radio

locale "Radio San Pietro" – avente sede sulla omonima isola – la quale, dalla città di Carloforte, viene trasmessa in tutta la sub-regione del Sulcis Iglesiente.

Più tardi ha proseguito il suo impegno da vocalist attraverso il podcast di attualità "Il Polemico" (2020).

È ideatore del format "*A s'umbra de su Nuraxi*", primo podcast in lingua sarda di poesia e proverbi, nel quale svolge anche il ruolo di voce narrante.

Collabora con il quotidiano nazionale "La Ragione – leAli alla libertà", dove scrive di attualità, politica e idee.

INDICE

CONTATTI

Per informazioni:
✉ info@stefanomusu.it

Pagine Social

⊙ **Instagram** @Stefano_Musu
f **Facebook**   facebook.com/Sstem
🐦 **Twitter**   @Ste_Musu

Inquadra il codice QR per leggere una selezione di articoli apparsi nella versione online de La Ragione:

DALLO STESSO AUTORE

Ascolta su tutte le maggiori piattaforme di podcasting:
A s'umbra de su nuraxi

La millenaria cultura sarda raccontata dalle poesie e dai proverbi della tradizione. La voce narrante di Stefano Musu introduce, in ogni puntata, una poesia dell'autore Carlo Fadda che, assieme alla figlia Angelica, ripercorrerà la storia, la natura, le tradizioni e i mestieri della Sardegna.

Il podcast si compone di quattro stagioni da dieci episodi ciascuna, per accompagnare l'ascoltatore durante tutto l'anno solare.